懂我就是爱我

To Know Me Is To Love Me

鼓励自己和他人的步骤

[美] 琳·洛特 玛丽琳·M·肯特
德鲁·韦斯特◎著
张婷婷◎译

北京联合出版公司
Beijing United Publishing Co.,Ltd.

图书在版编目（CIP）数据

懂我就是爱我 /（美）洛特，（美）肯特，（美）韦斯特著；张婷婷译 .—北京：北京联合出版公司，2015.9（2018. 9 重印）
ISBN 978-7-5502-6237-9

Ⅰ.①懂…　Ⅱ.①洛…　②肯…　③韦…　④张…　Ⅲ.①心理学—通俗读物　Ⅳ.① B84-49

中国版本图书馆 CIP 数据核字（2015）第 219631 号

懂我就是爱我
作　　者：［美］琳·洛特　玛丽琳·M. 肯特　德鲁·韦斯特
译　　者：张婷婷
选题策划：北京天略图书有限公司
责任编辑：李艳芬　王　巍
特约编辑：阴保全
责任校对：杨青茹

北京联合出版公司出版
（北京市西城区德外大街 83 号楼 9 层　100088）
北京彩虹伟业印刷有限公司印刷　　新华书店经销
字数 107 千字　　787 毫米 ×1092 毫米　1/16　　8.5 印张
2015 年 10 月第 1 版　　2018 年 9 月第 5 次印刷
ISBN 978-7-5502-6237-9
定价：24.00 元

译者的话

这是一场探索自我的旅程

我和琳·洛特的缘分开始于我学习正面管教，当琳答应做我的导师时，我并没有意识到自己是如此的幸运。在一次又一次与琳的越洋 Skype 视频学习中，我越来越深刻地体会到真正的大师不是高高在上的神，而是勇于拥抱生活中的困难与美好点滴的人。而琳，就是这样一个人，幽默、睿智、悦纳——她深厚的阿德勒心理学背景，四十多年个人、夫妻、家庭的心理咨询经验，以及大量正面管教体验活动的设计智慧，让每一个与她接触的人，都能在寥寥数语的谈话中感觉醍醐灌顶、如沐春风。

琳是一个充满创意的人，她有一种与众不同的学习方式，就是把她自己学习到的认为好的内容创作成体验式活动。这样，她不仅能让自己“不会忘记这些内容”，而且还让更多的人通过这些活动有所收获。而《懂我就是爱我》这本书，则收录了琳和玛丽琳、德鲁针对个人成长创作和整理的十二个活动。我们今天看待事情的信念是从哪里来的？为什么有的时候会不快乐？为什么亲密关系中我们感觉已经付出了所有却没有换来关系的改善？通过练习书中这些活动，我们就像开始了一场探索自我的旅程。解铃还须系铃人，跟随着大师的步伐，循序渐进，我们会慢慢从这些活动中找到困扰我们生活、阻碍我们快乐的“铃”之所在，从而获得解开这些心结的机会；而每一个活动后面的鼓励总结工作表则是一次自我梳理的机会，让我们学习到如何一小步一小步地觉察、接纳自己，并开始行动。书里面还有一些诗，就像琳和我们对话一样，每每阅读总会让人备受鼓舞。

我想我是幸运的，在翻译这本书的过程当中，我得到了来自各方的大量帮助。书中“治愈自尊”、“有效地运用感受”、“了解愤怒”、“想法，感受，行为”这四个活动在本书没有确定要翻译成中文之前，已经由琳在2014年访问中国的过程中引进到国内，并由王霄、张宏武这两位正面管教导师和花莹莹、亓欣、韩婕波、杨晓静、吴莹、胡曼婷这几位正面管教讲师进行了翻译和演练。感谢她们的付出！

为了让这本书的语言能够更贴近国内读者的习惯，我和琳还通过组织Skype线上封闭学习小组，和国内的朋友一起做书中的活动。每个学习小组有四位学员，每次琳会带领其中一位学员做书中的一个活动，其他学员则是观察者。目前，这样的学习小组已经开展到第三期了。非常感谢学习小组成员周励、王颖辉、徐晓玲、洪岩等正面管教讲师和朋友，他们不仅给我了很多反馈意见，更给了我勇气和信心。虽然现在这本书的翻译已经完成，但是看到大家的收获以及积极的反馈，我们决定将这种线上学习小组持续开展下去。

翻译这本书的过程，对我自己而言也是一次洗礼的过程，特别是书中其中一些活动的案例，仿佛就是我写给自己的答案。也许，这就是缘分吧。感谢我的恩师琳·洛特给我的支持和帮助，还要感谢我的先生和我的父母、妹妹一直以来对我的支持和爱护。

走在自我成长的路上，我们慢慢会发现，不管是亲子关系还是亲密关系，都是镜子而已，折射出来的其实是我们自己内在的世界，我们的内在小孩所构建的世界。期待更多朋友能与这本书结缘，开启一场自我探索的旅程，让自己找到面对生活的勇气，做自己的鼓励咨询师！

张婷婷

2015 年 4 月

中国深圳

前　言

詹妮弗记得，母亲有一次因为太忙，没有时间陪她。她怀疑自己对母亲来说是否重要。以 4 岁孩童的智慧，她对这个问题的回答是：“不，我不重要。”尽管她并没有清醒地意识到自己的这个决定，但詹妮弗在一生中都在试图证明自己很重要。因为她已经认定了自己不重要，所以她无法接受任何与之相悖的证据。然而，她却很愿意接受任何能够支持“她不重要”这种认定的证据。

正如我在使用“细节考问疗法”时向我的一个客户解释的那样，理解我们童年时遇到的问题以及我们对这些问题的回答，能够帮助我们理解我们自己。有趣的是，尽管我们没有清醒地意识到这些问题以及对这些问题的回答，但我们的生活却往往是建立在这些回答的基础之上的。

当詹妮弗再次体验了那些导致她认为自己不重要的记忆之后，她用自己的“魔法棒”重新创造了一个不同的结果以及一个新的信念。她现在知道了，每当她感觉不好时，就是以前的信念在作怪。这成了她唤起自己现在更适合的新信念和技能的一个信号。

《懂我就是爱我》这本书包括许多练习和方法，来帮助我们了解自己在童年形成的一些信念——那些使我们偏离自己与生俱来的自尊并造成阻碍我们享受人生快乐的问题的信念。一旦我们认识到自己如何以及为什么形成了这些信念，我们就能够重塑新的信念和方法，来更好地帮助自己再次找到固有的自尊感。

本书对于那些愿意花时间来完成书中所建议的练习的人是极其有用的。它可以作为一种自我疗愈的方式，或者可以与更多正式的疗法结合使用。

本书中介绍的练习和方法，被很多心理治疗师、团体和教师使用过，他们发现，这些练习和方法对于增强他们的客户和学生的自我意识和有效技能来说，是很有效而令人兴奋的工具。

对于那些享受个人成长的朋友来说，这是一本“工作”手册。我自己已经做过了书中的所有练习，并且发现它们很有帮助和启迪。有的活动我不仅做了一次，每次都让我对自己有了更深的了解。

我极力向你推荐《懂我就是爱我》这本书，这是你对自己的重要投资。花时间来做这里的练习和方法，不管你是独自一人，还是和你的朋友、治疗师一起，或者在班级里。

祝你的个人成长之旅乐趣无穷！

简·尼尔森

引　言

探寻鼓励之旅

要成为一名鼓励咨询师，最关键的因素就是勇气。

* 不完美的勇气。
* 接受真实的自己的勇气。
* 冒险的勇气——去尝试新的行为。
* 放下的勇气。

在任何时刻，能够认可、接受并承认你是谁，而不带评判、比较、“应该”“必须”的事情，都是鼓励。

本书中的活动，对以下三个方面有帮助：

1. 觉察：怎样发现你是谁，以及你在此时此刻怎样看待自己。

2. 接纳：怎样通过放下评判、批评、比较、“应该”“必须”来接受自己。

3. 行动：怎样通过创造新的方法并从你的错误中学习，来拥有勇气在现实生活中做功课。

问：鼓励来自于哪里？

答：鼓励来自于你在看到周围发生的事情以及你经历的事情时所做的决定。你甚至早在会说话之前，就在做这些决定了。

问：这些事情发生于我在哪里的时候？

答：或许是在你的家里。

问：我对自己的决定是如何让我丧失信心的？

答：当你错误地认为，“如果”你或者“当”你以某种特定方式做事，别人才会爱你，你才足够好时；或者当你认定自己不够好，为什么还要努力时。这始于你开始把自己和其他人（你的父母、兄弟姐妹、表亲，或者你的邻居）进行比较，并且相信他们比你更好、更坚强、更聪明、更勇敢、更有天分或更有胆量的时候。这还始于你认为别人对你生气以及你周围发生的问题是你的错的时候，或者当你相信别人对你的负面评价的时候。

丧失信心

是勇气的一种丧失，

是一种恐惧——你不得不小心翼翼，

不得不做某些事情或以某种方式去做

人们才会爱你。

丧失信心是放弃，

认定你已经失去了爱或尊重，

并且没有方法再找回。

你需要找回你的勇气，

因为一个有勇气的人能做到任何事情！

拥有勇气，

一个人可以做任何事情。

重要的是努力，行动，

尝试，

做。

没有冒险，没有收获。

害怕犯错误会阻止我们的行动。

勇气让我们前行，而接受错误是人生的一部分。

重要的不是错误，而是我们从中学到的

以及我们犯错误后所做的事情。

一个人能做的事情是没有限制的吗？

是的，如果他做的事情

对自己和别人都是尊重的。

要记住……在任何时刻，能够认可、接受并承认我们是谁而不带评判、比较、“应该”、“必须”的事情，都是鼓励。当我们感受到鼓励时，就更容易有勇气走出去并在现实生活中尝试新的行为和创造新的方法。

除了觉察和接纳，你还需要行动。我们将此称为在现实生活中做我们的“功课”。本书中的活动就是为了帮助你完成这个任务。

谁拥有勇气？

每一个人。

我们越了解并接受我们是谁，

就越有勇气。

怎样使用这本书?

本书中每个活动的末尾，都有一份“鼓励总结工作表”，会让你看到：

觉察：你此刻是怎样看待自己的。这句总结性的话以“我是这样一个人”开头。

接纳：你此刻能怎样摆脱评判并接受自己。这句总结性的话以“不带评判”开头。

行动：你可以怎样运用自我接纳来注入勇气，以便在现实生活中做“功课”。这句总结性的话以“在现实生活中带着勇气去做‘功课’”开头。

在每节的末尾，有一个已完成的活动示例。你可能想在开始做活动之前先看一下。

我们大多数人，在大多数时候，会为了满足我们所处情形的需要，而做需要做的事情或必要的事情。但是，有时候，我们会感到不确定、害怕或担心事情不会按我们的方式发展，或者你不会被别人喜爱。我们失去了自己的勇气，因为我们开始相信自己不够好。我们的自尊受到了威胁。我们感到能力不足、惭愧和内疚，并认为我们达不到期望。

当我们是孩子的时候，我们犯了另一个错误。

我们没有认识到，只是我们本来的样子，

我们就真的足够好了。

我们不知道，

我们不需要为了得到爱，

而做任何特别的事情。

当出现这种情况时，我们会不假思索，就开始过度补偿。也就是说，我们会努力做一些我们相信可以证明我们真的很好的事情，一些能让我们得到爱的事情。我们的思维是非黑即白的，因为我们当时还是小孩子。我们会认定一些事情，比如：

目　录

自尊的开始

为了搞清楚我们一开始是怎样看待自己的，让我们看看当我们还只是小孩子时所做的关于自己的一些决定。

当我们还是孩子时，我们生活在一个家庭里。我们经常认为事情是非黑即白的。有时候，我们会认为家庭就像一个馅饼，只能分成那么几块。我们或许会认为如果这个馅饼中的一块被拿走了，我们就不得不拿另外一块。

我们是通过把自己和自己的兄弟姐妹进行比较，来决定自己是谁的。如果我们是独生子女，我们把自己和自己的父母、表亲或邻居家的孩子进行比较。我们在童年时期所做的关于自己是谁的决定，会伴随我们一生。

通过下面这个家庭馅饼的练习，我们就能搞清楚我们所做的有关自己在家里是谁的决定。

在上图中填入你的家庭馅饼。

活动：

1. 把你们家所有的孩子的名字——包括你的——都填写进去，每个人占一块。写上你的年龄与每个孩子年龄的差距（用加号或减号）。夭折的孩子的名字也写上。如果你有不止一个家庭（例如，一个重组家庭，等等），把那些你认为是你的家人的名字写上。在你自己的名字旁边标一颗星。

2. 用两个或三个词来描述你们小时候的每一个孩子，包括你自己。

3. 要注意你是怎样认定每个人是不同而特别的。

4. 要注意你对自己的决定是什么。

5. 你现在还是这么觉得吗？

6. 这个决定如何影响了你的生活？

我们的家庭馅饼中的各个小块，表明的是我们的家人是如何学会过度补偿的，或至少我们认为他们在过度补偿。作为一个成长中的孩子，我们不得不区分、整理并搞清楚这么多事情。我们是好的观察者，但我们对于自己的观察所得出的结论并不那么好，并且我们会过度补偿。

当我们现在用成年人的眼光来看这个家庭馅饼时，我们可以提醒自己，我们要比来自童年的那些非黑即白的画面复杂得多。我们还可以想一想，我们现在是否为了保持自己在原来的家庭馅饼中的位置而做着什么事情。

鼓励总结工作表

在这个活动中，我了解到：

觉察：我是这样一个人， ____________________

____

（填入你在家庭馅饼中用来描述自己的形容词。）

接纳：不带评判。你注意到自己开始对上面列出的形容词作评判了吗？

你听到了一个内心的声音吗？它是在争辩吗？评判？解释？辩护？保护？比较或限制？

是哪一个？ ____________________

____

为接纳你自己，从下面的陈述中选一句最适合你的，或者你自己写一句。

1. 和我的兄弟姐妹不一样没关系。不一样才使得世界更有趣。

2. 我还在用这种方式看我自己，难道不是很有趣吗？

3. 我注意到我很难接受其中的一些特点。

4. 我写下了自己的兄弟姐妹的一个特点，并不意味着我就没有这个特点。

5. 我不是必须把我对自己的认识只局限在这些特点上。

6. 我接受自己，即便我有缺点并且不完美。

7.____

行动：在现实生活中带着勇气去做功课。既然你有了对自己的这种了解，就从下面列出的事情中挑选一个，作为你迈出的一小步吧。（现在，你只需要挑选一个。以后你可以挑选更多。）

1. 把你写下来的形容自己的词告诉其他人，并让他们重复给你听。

2. 练习说“我是（你的形容词）”，看看会让你怎么样。

3. 找出这些形容词现在以什么方式在限制你。

4. 允许你自己做本真的自己。

5. 找出你认为你的兄弟姐妹才具有的特点，并说出你是怎样也拥有的。

6. 注意你对自己的一个兄弟姐妹是否有很负面或者局限的描述，并找到扩展你对他或他的认识的办法。

7. 看一下你在把自己和谁作比较以及为什么。放弃这种比较！

示 例

鼓励总结工作表

在这个活动中，我了解到：

觉察：我是这样一个人，有帮助、好学生、好奇。

（填入你在家庭馅饼中用来描述自己的形容词。）

接纳：不带评判。你注意到自己开始对上面列出的形容词作评判了吗？

你听到了一个内心的声音吗？它是在争辩吗？评判？解释？辩护？保护？比较或限制？

是哪一个？评判、辩护、比较。

为接纳你自己，从下面的陈述中找一句最适合你的，或者你自己写一句。

1. 和我的兄弟姐妹不一样没关系。不一样才使得世界更有趣。

2. 我还在用这种方式看我自己，难道不是很有趣吗？

3. 我注意到我很难接受其中的一些特点。

4. 我写下了自己的兄弟姐妹的一个特点，并不意味着我就没有这个特点。

5. 我不是必须把我对自己的认识只局限在这些特点上。

6. 我接受自己，即便我有缺点并且不完美。

7. ____________________

行动：在现实生活中带着勇气去做功课。既然你有了对自己的这种了解，就从下面列出的事情中挑选一个，作为你迈出的一小步吧。

（现在，你只需要挑选一个，以后你可以挑选更多。）

1. 把你写下来的形容自己的词告诉其他人，并让他们重复给你听。

2. 练习说“我是（你的形容词）”，看看会让你怎么样。

3. 找出这些形容词现在以什么方式在限制你。

4. 允许你自己做本真的自己。

5. 找出你认为你的兄弟姐妹才具有的特点，并说出你是怎样也拥有的。

6. 注意你对自己的一个兄弟姐妹是否有很负面或者局限的描述，并找到扩展你对他或他的认识的办法。

7. 看一下你在把自己和谁作比较以及为什么。放弃这种比较！

如果我总是对别人有帮助，那么，我可能就没有像自己喜欢或需要的那样爱护自己了。

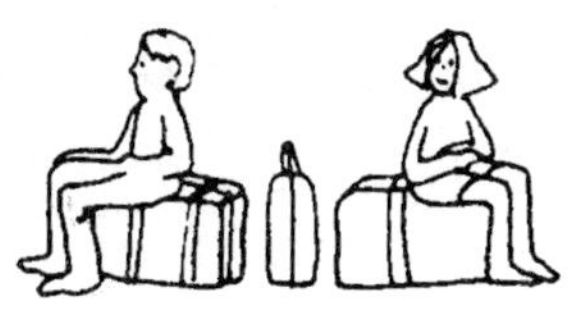

来自过去的信息[①]

我们童年时期得出的结论，常常和我们今天对生活的观念是相同的。我们拥有一个成年人的身躯，在成年人的世界里行事，运用的却是自己童年时期的推理。

我们带着这些结论和旧信息，作为自己人生旅途的行李。你的一些行李是什么？

为搞清楚你的人生行李，请在下面图中的行李箱中填写你在看到其中的词时所想到的任何事情，或者想一想自己童年时对每一个词所得到的信息。

活动：（填空）

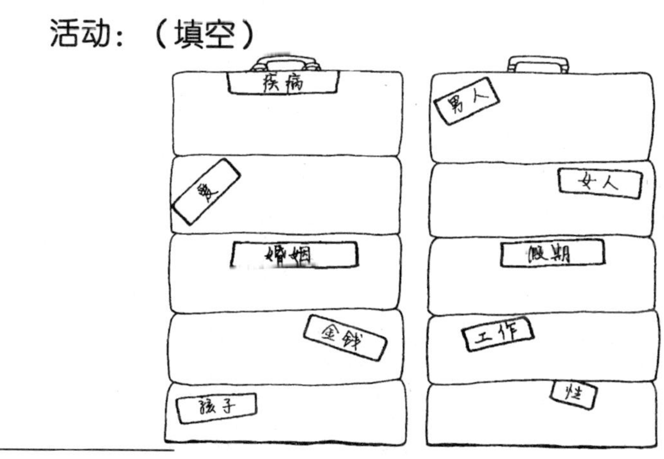

① 改编自麦欣·艾詹姆斯的一个专题讨论。——作者注

你在童年时得到的信息，会成为你长大成人后抱有的信念。

鼓励总结工作表

在这个活动中，我了解到：

觉察：我是这样一个人，相信 ____________________

____

（填入你从一个行李箱中挑选的自己的一个旧信息或结论。）

接纳：不带评判。从下面的陈述中挑选一句符合你的，或者你自己写一句。

1. 我的行李和别人的不一样没关系。
2. 我当时有这种想法，不是很有趣吗？
3. 我还抱有这种旧想法，不是很有趣吗？
4. 我早就注意到了这种想法一直在限制着我。
5. 我根本没想到这是我童年时的观念，知道它来自哪里真的让人吃惊。
6. ____

行动：在现实生活中带着勇气去做功课。先问问你自己，你的信念是否给你造成了“麻烦”**。如果是，写出是怎样的麻烦：____________________________

如果是，想出你能采取的一个运用这些信息来改善你目前状况的小步骤。这些步骤可以是：

1. 把你的信念告诉别人。

2. 听听别人的信念，并看看你是否想采用他们的态度。

3. 听听别人的信念，并反其道而行之。

4. 为你在下周可以做的一件事情制订一个行动计划，以改善你的情形。

我的步骤是：

____

____

____

____

____

如果你的信念没有给你造成“麻烦”，那么，你在现实生活中的功课可以是写下你的信念是如何帮助你成长的。写在下面。

这个信念帮助我 ______________________

____

** “麻烦”指的是做事情不恰当，不是做过头，就是做得不足。

示 例

活动：（填空）

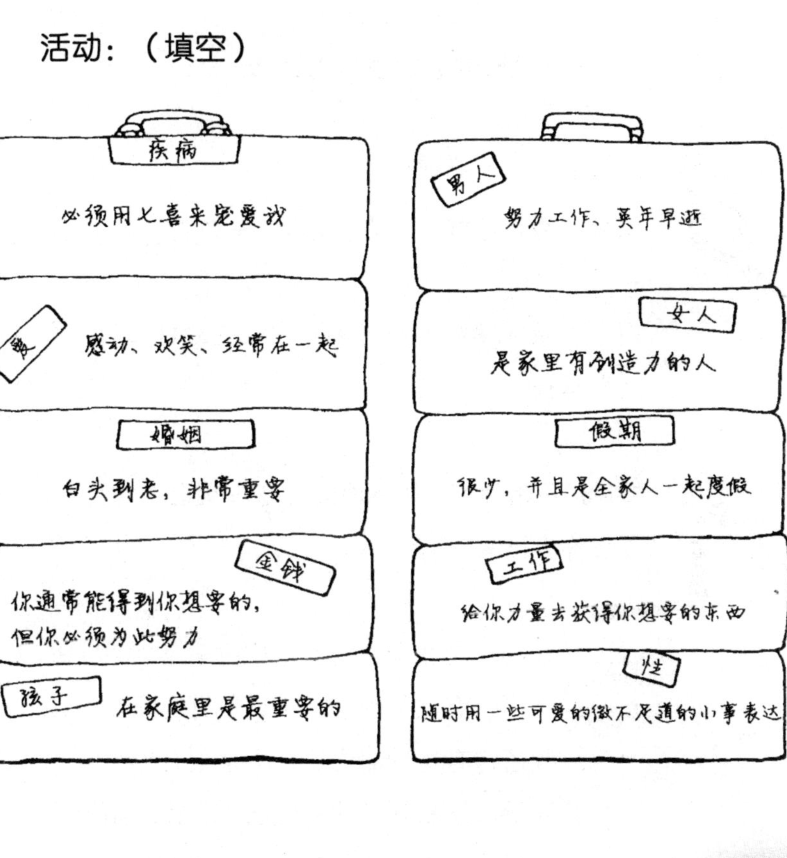
疾病
必须用七喜来宠爱我
感动、欢笑、经常在一起
婚姻
白头到老，非常重要
金钱
你通常能得到你想要的，
但你必须为此努力
孩子
在家庭里是最重要的
男人
努力工作、英年早逝
女人
是家里有创造力的人
假期
很少，并且是全家人一起度假
工作
给你力量去获得你想要的东西
性
随时用一些可爱的微不足道的小事表达

示　例

鼓励总结工作表

在这个活动中，我了解到：

觉察：我是这样一个人，相信孩子是家庭里最重要的。

（填入你从一个行李箱中挑选的自己的一个旧信息或结论。）

接纳：不带评判。从下面的陈述中挑选一句符合你的，或者你自己写一句。

1. 我的行李和别人的不一样没关系。
2. 我当时有这种想法，不是很有趣吗？
3. 我还抱有这种旧想法，不是很有趣吗？
4. 我早就注意到了这种想法一直在限制着我。
5. 我根本没想到这是我童年时的观念，知道它来自哪里真的让人吃惊。
6. ________________

行动：在现实生活中带着勇气去做功课。先问问你自己，你的信念是否给你造成了“麻烦”**。如果是，写出是怎样的麻烦：通过注意到我多么不情愿和我的丈夫单独外出。

如果是，想出你能采取的一个运用这些信息来改善你目前状况的小步骤。这些步骤可以是：

1. 把你的信念告诉别人。

2. 听听别人的信念，并看看你是否想采用他们的态度。

3. 听听别人的信念，并反其道而行之。

4. 为你在下周可以做的一件事情制定一个行动计划，以改善你的情形。

我的步骤是：问问我丈夫对于孩子在家庭中的位置是什么信念，把我的信念及其如何影响着我告诉他。

如果你的信念没有给你造成“麻烦”，那么，你在现实生活中的功课可以是写下你的信念是如何帮助你成长的。写在下面。

这个信念帮助我 ______________________________

____

**“麻烦”指的是做事情不恰当，不是做过头，就是做得不足。

有时候，这种行李会让你陷入麻烦，尤其是在人际关系中。我们可能会认为别人看待世界的方式和我们的完全一样，但是，他们带的是不同的行李。

看看当不一样的行李发生冲突时会怎样。

爱，是我们带有最多行李的一个领域。我们的下一个活动“感受爱”将帮助我们搞清楚自己在表达和感受爱方面的行李。

回答这些问题，以便搞清楚“感受爱”。

感受爱[①]

家庭是我们了解爱的第一个场所。我们对爱的大部分了解，都发生在年龄很小的时候，以至于我们通常都没有想自己学到了什么，或者是怎样学到的。我们的父母以让我们体验到爱的感觉的方式对待我们，并且我们发现了向我们的父母表示我们在乎他们的方式。这些孩童时期的经历塑造了我们现在感受和表达爱的方式。因为这些早期经历的不同，使得我们每个人感受到爱的方式因人而异。每个人表达爱的方式，也是同样因人而异的。

为理解你童年时所做的关于爱的决定，请填写下面的空白。（如果你想和你的伴侣一起做这个活动的话，这里有一套重复的问题可给他或她使用。）

活动：

你

1. 你认为，从你出生到一岁，你的首要父母是母亲还是父亲？

____

2. 当你是一个成长中的孩子时，你最喜欢的父母是母亲还是父亲？

____

① 这个活动是由葛洛莉·雷恩最先引入的。——作者注

3. 作为一个成长中的孩子，你是怎样向你的首要父母表达你爱他或她的？

____

____

____

4. 你的首要父母在你的成长过程中是怎样向你表达他或她爱你的？

____

____

____

5. 作为一个成长中的孩子，你是怎样向你最喜欢的父母表达你爱他或她的？

（当你只有一个最喜欢的父母时才填写。）

____

____

____

6. 你最喜欢的父母在你成长过程中是怎样向你表达他或她爱你的？

____

____

____

（如果你用“做个好孩子”、“要负责任”等等之类的词语，要尽量更明确地界定其含义。比如，“做个好孩子”，真正的含义或许是“按时做家务”，或者“安静”，或者“按我说的去做。”）

你的伴侣

1. 你认为，从你出生到一岁，你的首要父母是母亲还是父亲？

---

2. 当你是一个成长中的孩子时，你最喜欢的父母是母亲还是父亲？

---

3. 作为一个成长中的孩子，你是怎样向你的首要父母表达你爱他或她的？

---

4. 你的首要父母在你的成长过程中是怎样向你表达他或她爱你的？

---

5. 作为一个成长中的孩子，你是怎样向你最喜欢的父母表达你爱他或她的？

（当你只有一个最喜欢的父母时才填写。）

---

6. 你最喜欢的父母在你成长过程中是怎样向你表达他或她爱你的？

（如果你用“做个好孩子”、“要负责任”等等之类的词语，要尽量更明确地界定其含义。比如，“做个好孩子”，真正的含义或许是“按时做家务”，或者“安静”，或者“按我说的去做。”）

如果你和你的伴侣一起做这个活动，要看看你表达爱的方式是否与你的伴侣感受爱的方式相吻合。如果不吻合，这并不奇怪，但是，这是帮助你们理解两人关系的很有用的信息。

这个信息意味着什么呢？让我们假设你刚刚回答完这些问题，并且你发现自己是通过以下方式来表达爱的：

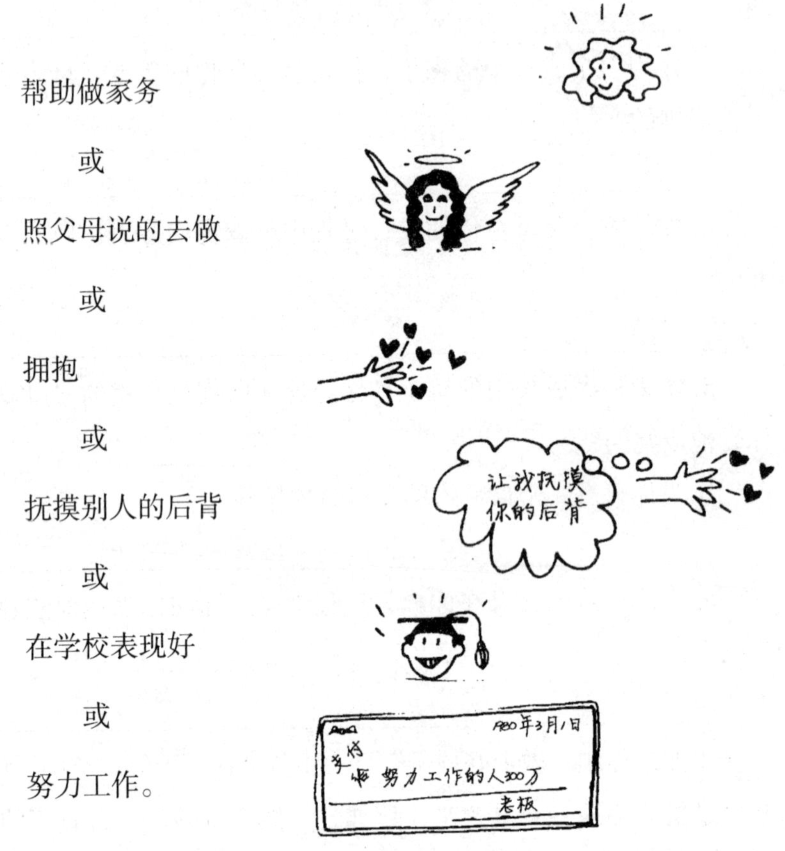

帮助做家务

或

照父母说的去做

或

拥抱

或

抚摸别人的后背

或

在学校表现好

或

努力工作。

或许，你做了这些事情，而你周围的人却因为没有感受到爱而抱怨。你感觉很伤心、生气、困惑。怎么会这样呢？

也许，如果我们看看他们的回答，就会发现他们在以下这些时候才会感受到爱：

有人和他们一起玩

或

有人每天晚上做一顿美味的晚餐

或

有人让他们自己独处

或

有人让他们成为最棒的

或

有人和他们一起放松

考虑一下你的生活中的一些可能性。

如果你回答“我不表达爱，或者感受不到爱”，或者“我不记得了”，这也许意味着你没有注意到有人向你表达爱，或者可能意味着由于你没有既定的模式，你能很容易学会表达爱的各种方式。

现在，将你对这些问题的答案填到下面相应的格子中，以便找出你现在表达和感受爱的模式。这里还有空间让你把你的伴侣的答案也填写进来。

感受爱图表

	你	你的伴侣	
表达爱的方式	填入你对第 3 个问题的答案	填入你的伴侣对第 4 个问题的答案	感受爱的方式
	填入你对第 5 个问题的答案	填入你的伴侣对第 6 个问题的答案	

感受爱的方式	填入你对第 4 个问题的答案	填入你的伴侣对第 3 个问题的答案	表达爱的方式
	填入你对第 6 个问题的答案	填入你的伴侣对第 5 个问题的答案	

鼓励总结工作表

在这个活动中，我了解到：

觉察：我是这样一个人，通过以下方式来表达爱（你对第 3 和第 5 个问题的答案）

____

并且以以下方式感受爱（你对第 4 和第 6 个问题的答案）

____

接纳：不带评判。为接纳此时此刻的你，从下面选一句话。

1. 我可以告诉自己，用这样的方式表达爱、感受爱，对我而言是最自然的。

2. 我没想到，我那么多年以前做的一个决定会影响着我现在感受不到爱。

3. 我知道从何着手了。

4. 这只是我小时候决定的一个模式，如果我喜欢，我可以改变它。

5.（你的主意！）______________________

行动：在现实生活中带着勇气去做功课，从下面挑选一条：

1. 审视一下你感觉不到爱或希望有人向你表达爱的那些方面。看看你是否在等待他们做一些你父母过去常做或你以前做过的事情，而没有注意到他们也许在用他们自己的方式向你表达爱。

2. 让一个人以你最能感觉到爱的方式向你表达爱。（你可能相信，如果你不得不向别人要求什么，是很不好的。要记住，别人不会读心术。他们需要知道怎样才能让你感觉到爱。如果你要求了，而他们没给你，那并不意味着你不可爱。他们如何反应关乎他们的反应能力，而不是与你有关。）

3. 花时间找到那些对你重要的人真正向你表达爱的方式。

4. 问别人你表达爱的方式是否让他们感觉到了爱。问问他们是否有其他喜欢的方式。

5. 当你通过自己小时候学到的那些事情（你对第3和第5个问题的答案）向一个人表明你爱他们时，要告诉他们："我这样做是因为我爱你。这是我表达爱的方式。"

6. 为解决你感觉自己不被爱的任何痛苦，可以试试跟别人谈谈你的感受。

7. 要像你被爱着并很爱别人那样行事。

8. 让你的伴侣回答这个活动中的问题，以便你能更多地了解他或她。

9. 给自己创作一句肯定语，可以是："我感觉这样就挺好。对自己有了这些了解，并且理解了自己的做法，真的很好。"

示 例

活动：

你

1. 你认为，从你出生到一岁，你的首要父母是母亲还是父亲？

母亲

2. 当你是一个成长中的孩子时，你最喜欢的父母是母亲还是父亲？

父亲

3. 作为一个成长中的孩子，你是怎样向你的首要父母表达你爱他或她的？

做她期望我做的事情：和小伙伴们打招呼，把牛奶倒进罐子里喝咖啡用。

4. 你的首要父母在你的成长过程中是怎样向你表达他或她爱你的？

当我告诉她我因为什么事苦恼时，她真的会在我身边陪我。我很惊喜她这样做。

5. 作为一个成长中的孩子，你是怎样向你最喜欢的父母表达你爱他或她的？

（当你只有一个最喜欢的父母时才填写。）

我努力做到出类拔萃，做好。

6. 你最喜欢的父母在你成长过程中是怎样向你表达他或她爱你的？

他会说"不"，但最后会满足我。

你的伴侣

1. 你认为，从你出生到一岁，你的首要父母是母亲还是父亲？

母亲

2. 当你是一个成长中的孩子时，你最喜欢的父母是母亲还是父亲？

母亲

3. 作为一个成长中的孩子，你是怎样向你的首要父母表达你爱他或她的？

做一个好孩子—守规矩。

4. 你的首要父母在你的成长过程中是怎样向你表达他或她爱你的？

她花时间陪我。

5. 作为一个成长中的孩子，你是怎样向你最喜欢的父母表达你爱他或她的？

（当你只有一个最喜欢的父母时才填写。）

做一个好孩子—守规矩。

6. 你最喜欢的父母在你成长过程中是怎样向你表达他或她爱你的？

她花时间陪我。

感受爱图表

	你	你的伴侣	
表达爱的方式	填入你对第3个问题的答案 做期待我做的事情	填入你的伴侣对第4个问题的答案 花时间陪我。	感受爱的方式
	填入你对第5个问题的答案 出类拔萃	填入你的伴侣对第6个问题的答案 花时间陪我。	
感受爱的方式	填入你对第4个问题的答案 有人真的陪我或给我惊喜。	填入你的伴侣对第3个问题的答案 做一个好孩子，并守规矩。	表达爱的方式
	填入你对第6个问题的答案 虽然一开始说“不”，但后来会给我想要的东西。	填入你的伴侣对第5个问题的答案 做一个好孩子，并守规矩。	

示　例

鼓励总结工作表

在这个活动中，我了解到：

觉察：我是这样一个人，通过以下方式来表达爱。（你对第 3 和第 5 个问题的答案）

做别人期望我做的事情和超过别人。

并且以以下方式感受爱。（你对第 4 和第 6 个问题的答案）

有人真的在我身边陪我，或给我惊喜。或者，有人给我想要的，即使他们一开始的时候说"不"。

接纳：不带评判。为接纳此时此刻的你，从下面选一句话。

1. 我可以告诉自己，用这样的方式表达爱、感受爱，对我而言是最自然的。

2. 我没想到，我那么多年以前做的一个决定会影响着我现在感受不到爱。

3. 我知道从何着手了。

4. 这只是我小时候决定的一个模式，如果我喜欢，我可以改变它。

5.（你的主意！）________________________

行动：在现实生活中带着勇气去做功课，从下面挑选一条：

1. 审视一下你感觉不到爱或希望有人向你表达爱的那些方面。看看你是否在等待他们做一些你父母过去常做或你以前做过的事情，而没有注意到他们也许在用他们自己的方式向你表达爱。

2. 让一个人以你最能感觉到爱的方式向你表达爱。（你可能相信，如果你不得不向别人要求什么，是很不好的。要记住，别人不会读心术。他们需要知道怎样才能让你感觉到爱。如果你要求了，而他们没给你，那并不意味着你不可爱。他们如何反应关乎他们的反应能力，而不是与你有关。）

3. 花时间找到那些对你重要的人真正向你表达爱的方式。

4. 问别人你表达爱的方式是否让他们感觉到了爱。问问他们是否有其他喜欢的方式。

5. 当你通过自己小时候学到的那些事情（你对第3

和第 5 个问题的答案）向一个人表明你爱他们时，要告诉他们：“我这样做是因为我爱你。这是我表达爱的方式。”

6. 为解决你感觉自己不被爱的任何痛苦，可以试试跟别人谈谈你的感受。

7. 要像你被爱着并很爱别人那样行事。

8. 让你的伴侣回答这个活动中的问题，以便你能更多地了解他或她。

9. 给自己创作一句肯定语，可以是：“我感觉这样就挺好。对自己有了这些了解，并且理解了自己的做法，真的很好。”

有时候，我们愿意做出改变，但是，我们让自己陷入了一个……

远离自尊的循环圈[1]

远离自尊的循环圈，是我们在自己的头脑中形成的一套刻板的思维方式。它就像一只在跑轮上的仓鼠一样。我们会认为没有办法摆脱。

下面就是一个远离自尊的循环圈的示例。请按照数字的顺序看……

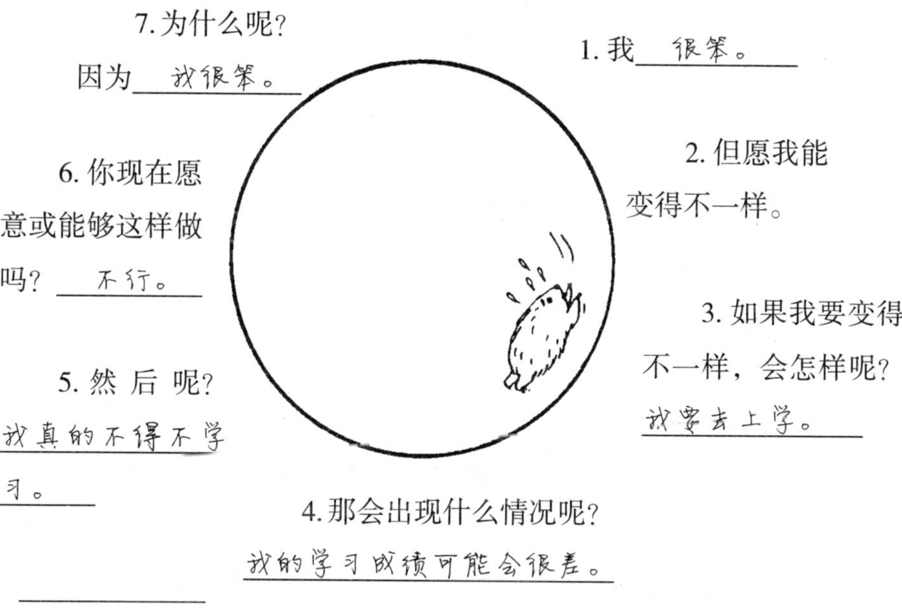

① 再次感谢葛洛莉·雷恩。——作者注

活动：

现在由你来做。写下你自己愿意改变的一件事情。这可以是你不喜欢自己的某个方面，或你希望能不一样的事情。

____

____

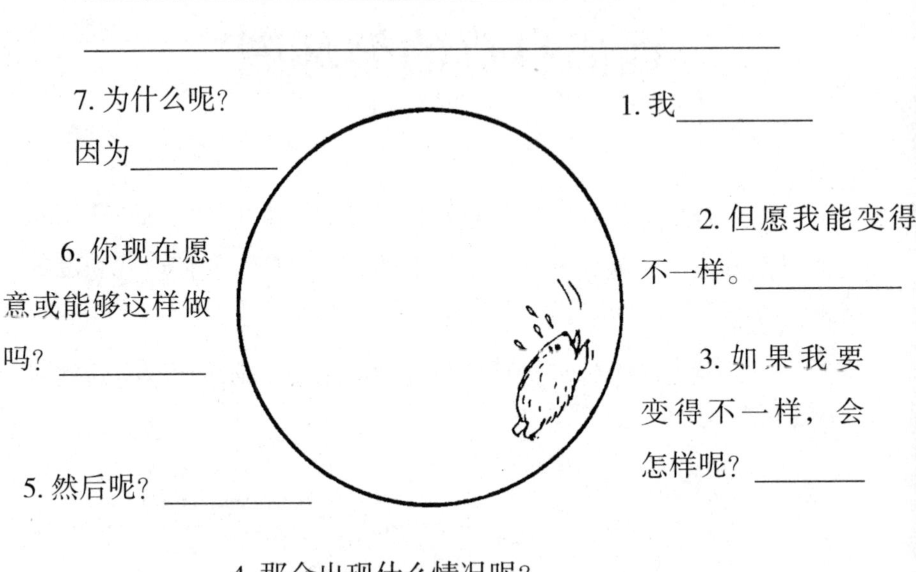

当你做完这个远离自尊的循环圈之后，要注意你得到了什么。这是你想要的吗？如果不是，回到你的循环圈，看看以下哪些令人沮丧的行为可能使你灰心丧气了：

* 比较你自己
* 评判你自己
* 听了别人的话，并且相信他们说的是你，而不是他们自己
* 期望值太高
* 思维方式太绝对，例如：总是、从来不、不能
* 相信你永远无法改变，而且相信你的老模式是你唯一的模

式

为鼓励你自己，用下面的一个新行为替代你的循环圈中的第3和第4步：

如果	那么
比较	关注你自己的进步，接受不同，并学习技能。
评判或者思考方式太绝对	把你的“应该”、“不得不”、“必须”，改为“可能”“也许”“可以”或者“将会”。把“总是”改为“有时候”，把“从来不”改为“或许”，把“不能”改为“不想”。
听别人的	提醒你自己，别人说的是关于他们自己的，而不是你的。
期望值太高，或者相信你永远无法改变	A. 考虑你每天可以迈出或关注的一小步 B. 对你自己有一点信心 C. 花时间和那些能鼓励你的人在一起，比如减肥教练、妇女支持团体，或者其他的支持团体。 D. 问你自己，你害怕失去什么，或者如果你放弃这个问题，你的生活会有什么不一样。

鼓励总结工作表

在这个活动中，我了解到：

觉察：我是这样一个人，认为我是 ________________

____

（填入你的循环圈中的第 1 项）

接纳：不带评判，我倾向于 ________________________

____

（看看你的循环圈，看你是否在做以下这些事情。写下来你做了哪些。）

——比较

——评判

——思考方式太绝对

——听别人的

——期望值过高

——相信我不能

填过之后，告诉自己："这没关系；我就是这样做的。"

行动：在现实生活中带着勇气去做功课，从第 33 页的"那么"列作选择：

我可以 ________________________________

示　例

7. 为什么呢？因为我不想要节食的痛苦。

6. 你现在愿意或者能够这样做吗？不行。

1. 我太胖。

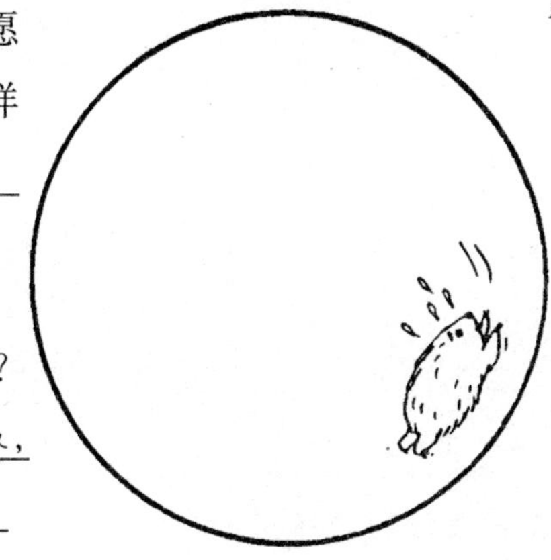

2. 但愿我能变得不一样。

3. 如果我要变得不一样，会怎样呢？我会瘦下来。

5. 然后呢？我会买新衣服，并且很开心。

4. 那会出现什么情况呢？我会合理饮食，并感觉良好。

示 例

鼓励总结工作表

在这个活动中，我了解到：

觉察：我是这样一个人，认为 我太胖。

（填入你的循环圈中的第 1 项）

接纳：不带评判， 我倾向于思考方式太绝对、期望值过高、相信我不能。

（看看你的循环圈，看你是否在做以下这些事情。写下来你做了哪些。）

——比较

——评判

——思考方式太绝对（已圈出）

——听别人的

——期望值过高（已圈出）

——相信我不能（已圈出）

填过之后，告诉自己：

"这没关系；我就是这样做的。"

行动：在现实生活中带着勇气去做功课，从第33页的“那么”列作选择：

我可以 对自己有一点信心。相信我对健康和快乐的需要会让我克服“节食的痛苦”。我可以每次迈出一小步。

当自尊受到威胁时[1]

只要事情对我们有利，并且我们没有感觉受到威胁，我们就会做得很好。我们会游刃有余或者完成任务。但是，当我们感觉受到威胁时，我们会以一种自己认为可以保护我们、拯救我们的自我，或者让我们摆脱困境的方式来做出反应。

我们这种反应会像自动驾驶仪一样，根本不用思考。这种反应是我们用来对待威胁到我们的自我意识的情形时的一种行为方式。这称为我们的“顶牌（Top Card）”。

下面这个活动将帮助你发现你的顶牌。一旦你知道了你的顶牌是什么，你就能在你打出它时注意到，并能注意到在发生什么事情。

---

① 基于比利和明·普的一个工作坊。——作者注

看看下面的 4 个盒子，哪个里面的内容是你最想逃避的？在相应的蝴蝶结上画圈。

如果你难以决定在哪个盒子上画圈，就想象你必须打开其中的三个盒子，但可以把其中的一个盒子藏到你的床底下，并且永远不必打开它。

如果你选择	你的顶牌是	你的做法是：
压力与痛苦	安逸	走阻力最小的路；话不说完；开玩笑；理智；只做你已经做得好的事情；逃避新经历；尽一切努力避免让别人发现你犯的错误；不会冒险去做可能会伤害别人感情的事情
拒绝与争吵	取悦	行为友善；爱背后说闲话，而不是当面说；当你的意思是“不”时说“是”；退让；更多地担心别人需要什么，而不是你自己的需要；试图解决每一个问题，并让每个人高兴
批评与嘲笑	控制	自己做；犹豫；指使别人；组织；争论，或者静静地等着别人哄劝你；压抑自己的感受；在行动之前会做到面面俱到
无意义与无足轻重	力争优秀	贬低别人或事情；纠正别人；批评自己；谈论生活的荒谬；做事做过头；承担太多事情；总是认为可以做得更好；按照“应该”行事

当你打出你的顶牌时，你所得到的

当你打出你的顶牌时，它能让你处于一个积极的位置，或者它也能给你带来问题。

顶牌	积极面	麻烦
安逸 	很注意自己和自己的需要，能依靠别人的帮助，让别人感觉舒服	招致特别的服侍和关注；担心很多事情，但没有人知道你有多么害怕；因不分享而失去很多，歪曲而不是面对令人不舒服的情形；等待被别人照顾，而不是变得独立
取悦 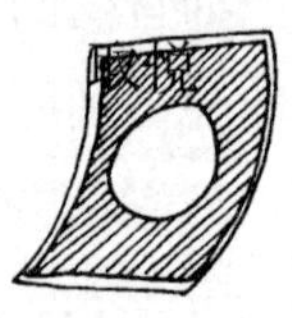	有许多朋友，人们依赖你，你经常能看到人和事情的积极面	招致报复循环；感到怨恨和被忽视；由于试图在不好时显得好而陷入麻烦

控制 	有条理，能得到你想要的；能让事情完成并把事情搞明白；控制局面，耐心等待	最终会让人觉得无法接近，招致权力之争，造成厌恶；当你感觉受到批评时，会逃避处理问题并为自己辩护，而不是坦诚；有时候会等待别人的许可
力争优秀 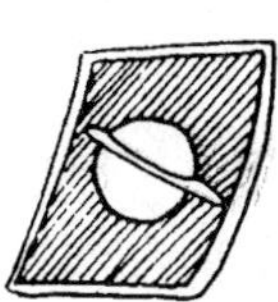	让别人高兴，做很多事情并得到很多赞扬、奖励或奖赏；不需要等别人告诉你要做什么，你就会去完成；充满自信	被看作一个无所不知或粗鲁而无礼的人，而自己不知道这是个问题；永远不开心，因为你可以做得更多、更好；不得不容忍你周围那么多不完美的人；有时候，你什么都不做，因为事情似乎太多了

如果你想和他们做朋友

安逸型　那么，你要……　不要打断他们说话，邀请他们发言，安静地倾听，给他们留出空间，对他们表现出信任，不要替他们做事，鼓励他们迈出一小步

取悦型　那么，你要……　告诉他们你有多爱他们，多和他们联系，表现出赞同，告诉他们你多么感激他们做的事情，告诉他们，他们有多么特别

控制型　那么，你要……　问他们的感觉，告诉他们规则，请求他们的帮助，说“好”，给他们选择，在他们想要的领域给他们领导，给他们许可，询问他们的建议，告诉他们你爱他们。

力争优秀型　那么，你要……　告诉他们，他们有多重要；感谢他们的贡献，帮助他们看到一小步，和他们一起娱乐

鼓励总结工作表

在这个活动中，我了解到：

觉察：我是这样一个人，会不自觉地 ______________

____

（填入你的顶牌）

接纳：不带评判，我可以告诉自己，我了解到了一种自动反应 ______________________________

____

____

是我认为我赖以生存不得不做的事情。（填写第 41 页中的顶牌表格里面你的类型的行为。）

行动：在现实生活中带着勇气去做功课，从下面的活动中挑选一个：

活动 1：注意别人是如何打出他们的顶牌的。要提醒你自己，当他们打出他们的顶牌时，他们可能是感觉到了害怕。写下你注意到的。

____

____

活动 2：注意你自己打出自己的顶牌的一个情形。（看看第 41 页的第三列，举例你可能会做什么。）当你发现自己在打你的顶牌时，要告诉自己：“这不是很有趣吗，我在打出我的顶牌。”把这件事情写下来。

____

____

活动 3：如果你发现你在打出自己的顶牌，就问你自己：“我在害怕什么？”（运用你在活动 2 中的事情。）

我害怕 ______________________________

____

活动 4：如果你能了解你的恐惧，你就能看到另外一个选择，或者你想继续你的顶牌行为吗？把你想怎么做写下来。

____

____

活动 5：填空。

A. 回想一次当事情没有按你的希望发展的情形。写在下面。

____

____

B. 你的顶牌是什么？ ______________________________

____

C. 你是怎样打出你的顶牌的？你做了什么？

____

____

____

D. 你的恐惧是什么？

____

____

____

E. 你有什么其他选择？

____

____

____

示　例

鼓励总结工作表

在这个活动中，我了解到：

觉察：我是这样一个人，会不自觉地 控制。
（填入你的顶牌）

接纳：不带评判，我可以告诉自己，我了解到了一种自动反应 争论。

是我认为我赖以生存不得不做的事情。（填写第41页中的顶牌表格里面你的类型的行为。）

行动：在现实生活中带着勇气去做功课，从下面的活动中挑选一个：

活动1：注意别人是如何打出他们的顶牌的。要提醒你自己，当他们打出他们的顶牌时，
他们可能是感觉到了害怕。
写下你注意到的。

（我选择活动2、
3和4。）

活动 2：注意你自己打出自己的顶牌的一个情形。（看看第 41 页的第三列，举例你可能会做什么。）当你发现自己在打你的顶牌时，要告诉自己："这不是很有趣吗，我在打出我的顶牌。"把这件事情写下来。

发现我的公司取消了我的两个项目。我冲着告诉我这件事情的人大喊大叫，试图通过发脾气来抗争。

活动 3：如果你发现你在打出自己的顶牌，就问你自己："我在害怕什么？"（运用你在活动 2 中的事情。）

我害怕我的员工会辞职。我被看成坏人。我把这件事情看成了是针对我个人的，并担心别人对我的看法。我发现我要做更多的工作。

活动 4：如果你能了解你的恐惧，你就能看到另外一个选择，或者你想继续你的顶牌行为吗？把你想怎么做写下来。

我会诚实地对待这位运营经理（告诉我这件事情的人）。告诉她，我对这件事情感觉很不好，因为我害怕我最后会被看成坏人。我会告诉她不要认为我是针对她个人的，并且我可能很快就能处理好……但是，我现

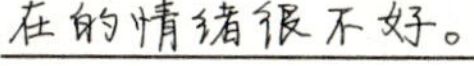

在的情绪很不好。

活动 5：填空。

A. 回想一次当事情没有按你的希望发展的情形。写在下面。

____

____

B. 你的顶牌是什么？________________________

____

C. 你是怎样打出你的顶牌的？你做了什么？

____

____

D. 你的恐惧是什么？

____

____

E. 你有什么其他选择？

____

____

记忆地图：寻找内心的孩童

我们作为成年人所具有的很多行事方式，都是当初在童年时期形成的。在我们每个人的内心，依然存在一个孩子，并且常常成为对我们发号施令的部分。这个活动旨在认识你的内心孩童，并更好地了解他或她。

1. 想想你小时候一次感觉到失去、失望的痛苦的情形。在 #1 图中把当时的情形写下来，包括你当时的年龄。

2. 你当时是什么感受？（使用第 70 页感受脸谱中的感受词汇。）把这些感受填写到 #2 图中。

3. 当时，你做了一个自己可能意识到，也可能没有意识到的决定。你当时的决定是什么？将你的决定填到 #3 图中。（一个决定听上去通常是这样的……“我要等他们出来”“我要吵闹、喊叫，直到我达到自己的目的”“他们不把我当一回事”，或者“没有人听我说”等等。）

4. 现在，把你当时的做法写到 #4 图中。（这是你当时的行动。）

5. 把整个事情最后的结果写在 #5 图中。

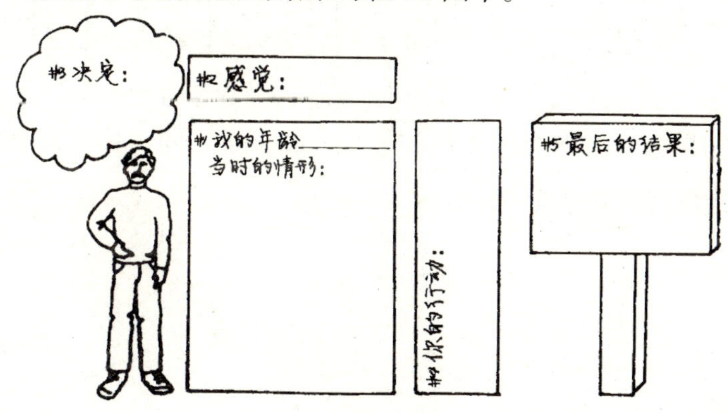

什么情形会招致你的内在孩童支配你呢？为找出来，请看 #1 图。

通常，#1 图中的信息代表着一些事情。比如，在下面这个例子中，关于宠物猫的信息代表着这个人感觉没有被认真对待并感觉她受到敷衍的一次情形。

当你进一步审视这个例子时，你会开始明白这个内在孩童是怎样把这次经历的各个片段拼在一起，从而认定她感觉自己没有被认真对待或相信别人更重要的情形的。在这个例子中，这个内在孩童决定当她没有被认真对待时（#1），以及认为别人更重要时（#3），她会感到歇斯底里（#2），并相信她需要通过尖叫来引起注意(#4),并且只有用这种方式她才能得到自己想要的(#5)。

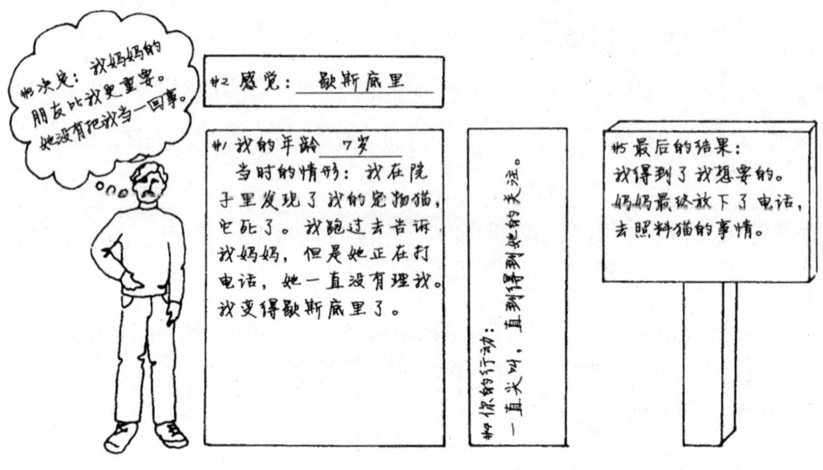

如果这种情形发生在你和你自己的孩子之间，你或许会对这个模式看得比较清楚。

这种在我们小时候形成的孩子一般的模式，在我们今天作为成年人遇到一些情形时可能依然在起作用。我们大多数人会一次又一次地重现这些模式。这种童年的记忆地图是我们学会如何面对这个世界的浓缩版，并且，它表明了我们如何思考和感受，即便在今天。

看一下刚才的例子中的那个人现在面临的一个情形，我们可以看到一个相似的模式。

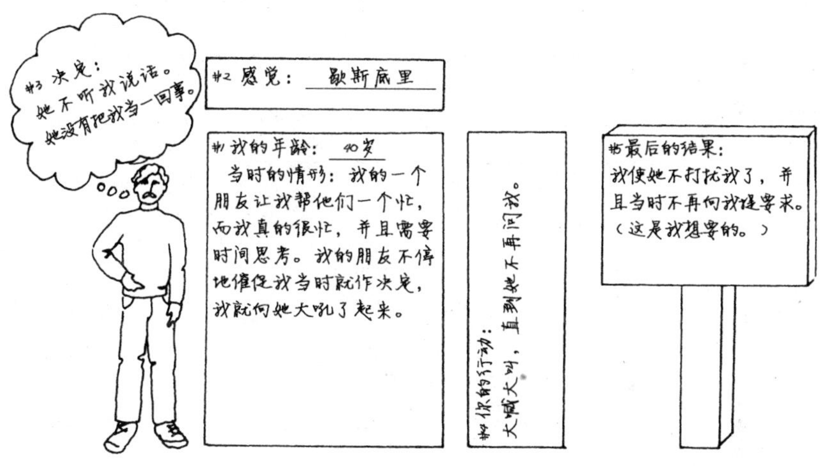

拥有了这个地图，非常有助于我们重新获得力量，因为一旦我们知道造成这种模式的是我们自己——而不是由我们周围的人造成的——我们就能创造一种新模式，一种可选择的模式，如果我们愿意的话！

鼓励总结工作表

在这个活动中，我了解到：

觉察：我是这样一个人：

我认为（#3）______________________________

____

在（#1）______________________________

______________________________发生的时候，

我感觉到（#2）____________________________

____

我会做（#4）______________________________

______________________________这样的事情，

最后结果是（#5）__________________________

____

接纳：不带评判，我可以告诉自己下面的其中一点（选择一个）：

A. 不处理或改变它也没关系。更多地了解自己的内心孩童就很好。

B. 当我准备好的时候，如果我想，我可以告诉自己改变它。

C. 知道这些是改变它的第一步。

行动：在现实生活中带着勇气去做功课，我可以做以下这些活动中的一个。（选一个你喜欢做的。）

活动1：了解你的模式。

活动2：通过假装你有一个魔法棒，并且按照你希望的情形重新想象#1的情形，来改变你的模式。如果你发现自己想用这个魔法棒来改变另一个人，就想想你当时可以怎样来造成这种改变。

活动3：和你的伴侣或好朋友聊一聊你的内在孩童。

活动4：和你的内在孩童做朋友，并原谅他或她，或者让你内在的成年人给这个内在孩童一个鼓励的信息。

活动5：看一个现在的情形，并看到你还在用老的模式。（填写下面的地图。）

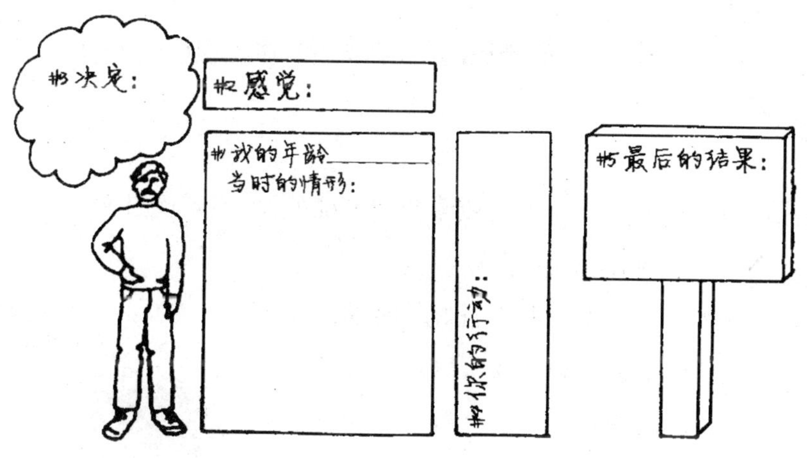

示　例

鼓励总结工作表

（第 52、53 页的活动示例）

在这个活动中，我了解到：

觉察：我是这样一个人：

认为（#3）人们不把我当一回事。

当（#1）他们不理我的时候

我感觉到（#2）歇斯底里

我会做（#4）尖叫这样的事情，

最后结果是（#5）得到我想要的。

接纳：不带评判，我可以告诉自己下面的其中一点（选择一个）：

A. 不处理或改变它也没关系。更多地了解自己的内心孩童就很好。

(B.) 当我准备好的时候，如果我想，我可以告诉自己改变它。

C. 知道这些是改变它的

第一步。

行动：在现实生活中带着勇气去做功课，我可以做以下这些活动中的一个。（选一个你喜欢做的。）

活动 1：了解你的模式。

活动 2：通过假装你有一个魔法棒，并且按照你希望的情形重新想象 #1 的情形，来改变你的模式。如果你发现自己想用这个魔法棒来改变另一个人，就想想你当以怎样来造成这种改变。

活动 3：和你的伴侣或好朋友聊一聊你的内在孩童。

活动 4：和你的内在孩童做朋友，并原谅他或她，或者让你内在的成年人给这个内在孩童一个鼓励的信息。

活动 5：看一个现在的情形，并看到你还在用老的模式。（填写下面的地图。）

我们的感受是一个强有力的工具，我们可以把它作为盟友，来帮助我们感觉更好并帮助我们成长。下一个活动会让我们看到了解自己感受的一种方式……

治愈自尊[①]

你有时候会有一种让你很难受的感觉吗？这可能是痛苦、饥饿、嫉妒、压力、愤怒，或者很多其他的感受。通过下面这个活动，你可以减少这些感受带来的压力，或者对其更了解。要运用你的想象力，如果需要的话，可以让自己夸张或者假装。

活动：

想一种你希望得到帮助处理的感受。

1. 这种感受的名称是什么？

____

（看看第 70 页的感受脸谱，以帮助你说出这些感受的名称。）

2. 它位于你身体的哪个部位？

____

____

3. 它在你身体里看上去是什么样子？（此刻，你可能需要假装你能看到这种感受。）

____

____

① 基于艾德和芭芭拉·简的《处理感受》——作者注

4. 它是什么颜色的?

____

5. 它的大小?

____

6. 它的密度?

____

7. 它有多么强烈?(从 1 到 10 分级,10 最高。)

____

8. 想想你最近一次有这种感受的情形,并将其定格在那个时候。描述出来。

____

____

____

9. 如果你有一个魔法棒,并且能改变你刚才描述的场景里的任何事情,你会怎样改变它?

____

____

____

10. 回忆你小时候的时光,越久远越好,并想小时候的一件往事。这件事情给你的感受可以只有一种,也可以有几种。如果你想不起来什么事情,任何一个过往的情景也行。将其定格。描述出来。(要具体,并想一个特定的时刻。)

____

____

____

11. 再一次，你会用魔法棒怎样改变这个场景？（你也许不想改变任何事情，那也很好。）

____

____

____

12. 现在，再看看这个感受：

它的大小？______________________________________

它的密度？______________________________________

它有多么强烈？__________________________________

有什么变化？____________________________________

通常，你开始时的感受到这时就没那么强烈了，或者已经消失了。有时候，另一种更强烈的感受会突然出现。如果是这样，只需要重新做一次这个活动。

这个活动是一种自我催眠。它可以用来减轻痛苦，还可以用来帮助减轻成瘾行为，并且可以用来作为一个放松活动。

你还能了解自己以及你是如何进行改变的。有时候，知道这种信息就足够了，或者这可以是你在生活中做出改变并促进你个人成长的第一步。

了解你自己的一种方式，就是了解你在这个活动中是如何使用魔法棒的。

这个魔法棒象征着你如何做出改变。在这个活动进行的过程中，你可以通过回忆过去或者现在生活中的一个情形，看到这在你自己的生活中是如何起作用的。这个活动中要求你运用这两种方式，因为你当前的感受来自你很久之前所做的决定，但你也许没有意识到。回到过去，让你更清晰地看到你当初的决定，并帮助你疗愈一些来自早年时期的痛苦。

鼓励总结工作表

在这个活动中，我了解到：

觉察：我是这样一个人，有时候会感觉＿＿＿＿＿＿＿＿＿＿＿＿＿＿＿＿＿＿＿＿＿＿＿＿＿

（填入你在这个活动中要处理的感受）

接纳：不带评判，我可以告诉自己："有这种感受没关系。那只是真实的我的一部分。"

行动：在现实生活中带着勇气去做功课，既然我已经有了对自己的这种认识：

1. 我把它用在我的个人成长方面的第一步可以是：＿＿

2. 注意你在回忆过去以及现在的生活情形时，是怎样使用魔法棒的。你现在可以怎样造成自己的这种改变呢？＿＿

3. 如果你用你的魔法棒去改变另一个人，你可以怎样做来让那个人现在以那种方式行事，或者造成你用魔法棒做出的改变？________________

____

____

示　例

活动：

想一种你希望得到帮助处理的感受。

1. 这种感受的名称是什么？

伤心和被冷落。

（看看第 70 页的感受脸谱，以帮助你说出这些感受的名称）

2. 它位于你身体的哪个部位？

心口。

3. 它在你身体里看上去是什么样子？（此刻，你可能需要假装你能看到这种感受）

像一支箭的箭头。

4. 它是什么颜色的？

红色。

5. 它的大小？

中等。

6. 它的密度？

坚硬、薄、像金属一样。

7. 它有多么强烈？（从 1 到 10 分级，10 最高。）

5

8. 想想你最近一次有这种感受的情形，并将其定格在那个时候。描述出来。

我正在开一个会议。我的工作搭档正在告诉我们办公室的另一位同事，说她想和她一起做一个特别的项目。

9. 如果你有一个魔法棒，并且能改变你刚才描述的场景里的任何事情，你会怎样改变它？

我在开这个会议，我的工作搭档对我说："如果我做这个项目，我愿意你和我一起做。"而我会说："好啊"。

10. 回忆你小时候的时光，越久远越好，并想小时候的一件往事。这件事情给你的感受可以只有一种，也可以有几种。如果你想不起来什么事情，任何一个过往的情景也行。将其定格，描述出来。（要具体，并想一个特定的时刻。）

我在初中时，和我最好的朋友是玛丽琳，她在上弦乐班，而我在管乐班。她和她班里的一些女孩成了朋友，我感觉自己被边缘化了。但是，在万圣节的时候，玛丽琳和我一起被邀请参加一个派对。我们决定装扮成一对孪生小丑。我们是一起乘公共汽车过去的，穿着一样的大橡胶鞋，戴着红鼻头，穿着我们父亲的裤子、大体恤、领带，脸上搽得很白，戴着假发。

11. 再一次，你会用魔法棒怎样改变这个场景？（你也许不想改变任何事情，那也很好。）

我不改变这个场景。

12. 现在，再看看这个感受：

它的大小？ 小。

它的密度？ 柔软、温暖。

它有多么强烈？ 2。

有什么变化？ 我感到有点兴奋。

示　例

鼓励总结工作表

在这个活动中，我了解到：

觉察：我是这样一个人，有时候会感觉 伤心和被冷落，当我没被作为"唯一的"来对待的时候。

（填入你在这个活动中要处理的感受）

接纳：不带评判，我可以告诉自己："有这种感受没关系。那只是真实的我的一部分。"

行动：在现实生活中带着勇气去做功课，既然我已经有了对自己的这种认识：

1. 我把它用在我的个人成长方面的第一步可以是：

我可以把我的感受告诉我的工作搭档，并请她一起做一些事情。

2. 注意你在回忆过去以及现在的生活情形时，是怎样使用魔法棒的。你现在可以怎样造成自己的这种改变呢？

我不改变任何事情。

3. 如果你用你的魔法棒去改变另一个人，你可以怎样做来让那个人现在以那种方式行事，或者造成你用魔法棒做出的改变？

我会用第1个问题中的办法。

感受脸谱

平静
兴奋
难过
震惊
自豪
怀疑
苦恼
无助
厌倦
自信
拒绝
害怕
坚定
无聊
厌恶
生气
伤心
好玩
嫉妒
羞愧
紧张
恼怒
绝望
喜爱
不知所措
没把握
暴怒
宽慰
孤独
平和
沮丧
满怀希望
暴躁
内疚
担心

有效地运用感受

无论我们的感受是什么，都能告诉我们很多关于自己的事情。感受没有对错之分，它们只是感受。感受是一种能量，而这种能量会促使我们采取行动。然而，有时候，我们的感受会使我们远离自己真正想要的。

这个活动将帮助到你了解自己的感受，以便你能知道感受会如何帮助你或阻止你实现自己的目标。

让我们来看看这是怎样运作的。

活动：

1. 列出你今天具有的三种感受。2. 你喜欢的感受是什么？

A.________________________ 对比 A.________________________

B.________________________ 对比 B.________________________

C.________________________ 对比 C.________________________

3. 当你有第 1 个问题中的 A、B 和 C 三种感受的时候，你通常会怎么做？

感受 1.A.______________________________

感受 1.B.______________________________

感受 1.C.______________________________

4. 这能让你得到你想要的第 2 个问题中的 A、B 和 C 的感受吗？（回答是或不）

感受 2.A.______________________________

感受 2.B.______________________________

感受 2.C.______________________________

5. 如果你在第 3 个问题中的做法没有让你得到第 2 个问题中你想要的感受，你能想出自己可以采取的另外一些做法吗？

新做法 3.A______________________________

____

____

新做法 3.B______________________________

____

____

新做法 3.C______________________________

____

____

6. 如果你感觉被卡住了，想不出其他可以做的事，下面的内容也许可以帮助你做出一些新选择。

a. 跟别人聊一聊，并问问他们有什么主意，或者只是把你的感受告诉他们。

b. 回忆一次你感觉到第 2 个问题中的感受的情形。你当时在做什么？你现在可以做哪些事情，以找回当时的感受吗？

c. 问你自己："如果我有个魔法棒，我怎样做才能让自己有那些感受？"

会做什么？ ______________________________

____

____

____

____

（有时候，以这种方式使用魔法棒，就能让你不被卡住，并且你可能看到新的选择。）

d. 如果你的一个朋友正在寻找新的选择，你会告诉他什么？假装你是这个朋友，将这些话告诉你自己。

____

____

____

____

____

鼓励总结工作表

在这个活动中，我了解到：

觉察：我是这样一个人，____________________

____

____

____

（把你对自己的了解写下来。）

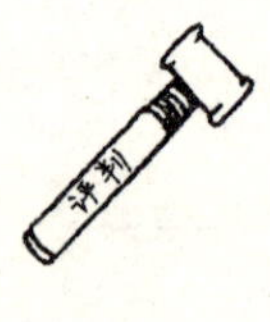

接纳：不带评判，我可以告诉自己，“感受只是感受，它们会将我引向一个方向。我正在了解我的感受会把我带往什么方向，今天有这些感受没关系。那只是我的感受。”

行动：在现实生活中带着勇气去做功课，我可以做其他的事情，比如……（从这个活动中的第 5 个问题或第 6 个问题选择内容写下来。）：

____

____

____

____

____

示 例

活动：

1. 列出你今天具有的三种感受。2. 你喜欢的感受是什么？

A. 压抑　　对比　A. 有方向的

B. 成功　　对比　B. 同样

C. 担心　　对比　C. 自信

3. 当你有第 1 个问题中的 A、B 和 C 三种感受的时候，你通常会怎么做？

感受 1.A. 不管它。

感受 1.B. 告诉自己我有多棒。

感受 1.C. 坐下来，沉思，使其更糟糕。

4. 这能让你得到你想要的第 2 个问题中的 A、B 和 C 的感受吗？（回答是或不）

感受 2.A. 不

感受 2.B. 是

感受 2.C. 不

5. 如果你在第 3 个问题中的做法没有让你得到第 2 个问题中你想要的感受，你能想出自己可以采取的另外一些做法吗？

新做法 3.A 把我需要做的事情列一个清单，从做其中的两件事情开始。

新做法 3.B 原来这样就很好。

新做法 3.C 告诉一位朋友我需要支持，还告诉她可以怎么和我说，让我不再担心。

示例

鼓励总结工作表

在这个活动中，我了解到：

觉察：我是这样一个人， 不会长时间卡在那里，如果我感觉到压抑，我会做一些事情去找到方向。

（把你对自己的了解写下来。）

接纳：不带评判， 我可以告诉自己"感受只是感受，它们会将我引向一个方向。我正在了解我的感受会把我带往什么方向，今天有这些感受没关系。那只是我的感受。"

行动：在现实生活中带着勇气去做功课， 我可以做其他的事情，比如……（从这个活动中的第5个问题或第6个问题选择内容写下来）：

把要做的事情列一个清单，从做其中的两件事情开始。

向一位朋友寻求支持，告诉他们我需要听到什么，
以便我不再担心。

你不会想说服自己放弃自己的感受，但是，你可以通过学会了解自己的感受并看到你在有这种感受时的行为，搞清楚你的感受会把你带到哪里。一旦你对此有了清晰的了解，你就有了选择的可能性。你可能会用这些选择来迈向一个新的方向，也可能不会，但你现在对于自己做什么事情有了一个选择。

了解愤怒[①]

最难承认的一种感受，通常是愤怒，因为我们从小就被训练得认为愤怒是不好的。在我们小时候，和愤怒的人在一起是危险的。而且，作为孩子，当我们发怒时，或我们的父母因为我们的愤怒而变得更愤怒时，我们通常会被赶回自己的房间。我们大多数人知道了愤怒是要隐藏起来的，即便在我们仍然感到愤怒的时候。

我们大部分人的做法，即便是作为成年人，是将愤怒积攒起来，然后爆发。因此，它就成了一种危险的感受。

感觉受到鼓励，取决于注意到我们的感受并说出这种感受的正确名称。愤怒只是我们有能力体验的众多感受之一。

让我们来看看你的愤怒。

活动：

想一想让你愤怒的事情。那是什么？

A ____

____

____

① 改编自米奇·梅赛因的著作。——作者注

要记住我们说过愤怒只是一种感受。感受是我们内在的。有时候，当我们愤怒时，我们认为它是外在的。也就是说，我们相信是由某个人或某件事造成的。愤怒不是被造成的，而是一种回应。为了处理这种感受，理解这种感受的指向是有帮助的。下面的清单包括五种最常见的“愤怒的目标”——我们的愤怒指向的客体。你能在这个清单上发现你的愤怒客体吗？

B. 愤怒指向谁？

自己？　　别人？

别人对你的愤怒？　　生活？

一个不在场的人？

（一位已经过世的人、离开的人，或药物依赖者。）

当我们愤怒时，我们会注意到这种感受，但是，你通常认识不到在我们感觉到这种感受之前，我们就已经有了一些内在的想法。

每一个感到愤怒的人，都有一些潜在的问题或想法。要找出你的潜在问题，你需要不断问自己："是什么让我愤怒？"直到你找出深埋在很多其他原因下面的真正问题。当你不停地问自己这个问题并发现自己总是回到相同的答案时，你就会发现真正的问题所在。请用你开始使用的例子试一下：

C. 是什么让你愤怒？

____

____

____

那又是什么让你愤怒？

____

____

____

那又是什么让你愤怒？

____

____

____

那又是什么让你愤怒？

____

____

____

那又是什么让你愤怒？

____

____

____

那又是什么让你愤怒？

____

____

____

D. 现在，问你自己，你的潜在问题是不是与以下某个方面有关？

认可？

权力？

公正？

或者技能？

认可问题与诸如以下之类的想法有关："人们会怎么想我？""我被注意到了吗？""我配得到特殊的待遇或服务吗？""我是什么样的人？"等等。

权力问题与诸如以下之类的想法有关："没有人可以这样对待我。""我应该说了算。""我想按我的方式做。""我感到无能为力并且很无助。"等等。

公正问题与诸如以下之类的想法有关："这不公平。""生活不公平。""那样对待别人是不对的。""人们应该（或不应该）做那些事情。""我不会那么做。""他们既刻薄又伤人。"等等。

技能问题与诸如以下之类的想法有关："我不会做。""这不够完美。""永远都不够好。""我不知道该怎么办。""这太难了。""我不想尝试。"等等。

你的潜在问题是哪方面的？

____

____

____

鼓励总结工作表

在这个活动中，我了解到：

觉察：我是这样一个人，对以下事情感到愤怒 ______

____

____

（填入活动 B 中让你愤怒的客体。）

接纳：不带评判，我可以告诉自己，我的愤怒是关于

____

____

（填入活动 D 中的你的潜在问题。）

行动：在现实生活中带着勇气去做“功课”，从下面的清单中选一件事情：

我将 ______________________________

____

____

如果愤怒的指向是	那么	我可以：
自己		接受不完美是人类的一部分，而且错误是学习的好机会。
别人		告诉他们，“我生你的气了，因为（运用你了解到的信息），我只是想让你知道我的感受。不解决也没问题。（然后，在这个过程中要有信心。）
别人对你的愤怒		让对方告诉你他或她对你生气的更多原因，并提醒你自己，他或她的愤怒与他们自己有关，而不是关于你的。
生活		将你受伤的感受写一个日志，或者告诉其他人。通常，愤怒的下面隐藏着很多恐惧。想一想你的恐惧可能是什么，并且也告诉别人。
一个不在场的人		就你的愤怒写一封信，或者对着一张空椅子说话，就好像那个人坐在那里一样，把你的愤怒都告诉他或她。或者，用一根魔法棒再造你生气的那个情景，但要在你的想象中赋予它一个不同的结果。如果这个不在场的人是药物依赖者，就去参加匿名戒酒者协会（Alanon）的活动。

示　例

活动：

想一想让你愤怒的事情。那是什么？

A. 吉姆回家很晚，而且不承认他回来晚了，也不道歉。

B. 愤怒指向谁？

自己？

别人对你的愤怒？

生活？

一个不在场的人？

（一位已经过世的人、

离开的人，或药物依赖者。）

C. 是什么让你愤怒？

没有道歉——当人们犯了错误的时候，应该道歉。

那又是什么让你愤怒？

他没有礼貌

那又是什么让你愤怒？

有礼貌的人是有爱心的人。

那又是什么让你愤怒？

他没有爱心，不关心人。

那又是什么让你愤怒？

当你不向你爱的人表达爱时，就是自私。

那又是什么让你愤怒？

人不应该自私。

D. 现在，问你自己，你的潜在问题是不是与以下某个方面有关？

认可？

权力？

公正？

或者技能？

这不公平。我向他表现了我对他的尊重，他也应该尊重我。

你的潜在问题是哪方面的？

公正

示　例

鼓励总结工作表

在这个活动中，我了解到：

觉察：我是这样一个人，对以下事情感到愤怒

其他人

（填入活动B中让你愤怒的客体。）

接纳：不带评判，我可以告诉自己，我的愤怒是关于

公平

（填入活动D中的你的潜在问题。）

行动：在现实生活中带着勇气去做“功课”，从下面的清单中选一件事情：

我将在我丈夫回家晚的时候，告诉他我生气了，并且隐藏在我的愤怒下面的是我有公平的问题。我只是想让他知道我的想法——他不必解决这个问题。

如果愤怒的指向是	那么	我可以：
自己		接受不完美是人类的一部分，而且错误是学习的好机会。
别人		告诉他们，“我生你的气了，因为（运用你了解到的信息），我只是想让你知道我的感受。不解决也没问题。（然后，在这个过程中要有信心。）
别人对你的愤怒		让对方告诉你他或她对你生气的更多原因，并提醒你自己，他或她的愤怒与他们自己有关，而不是关于你的。
生活		将你受伤的感受写一个日志，或者告诉其他人。通常，愤怒的下面隐藏着很多恐惧。想一想你的恐惧可能是什么，并且也告诉别人。
一个不在场的人		就你的愤怒写一封信，或者对着一张空椅子说话，就好像那个人坐在那里一样，把你的愤怒都告诉他或她。或者，用一根魔法棒再造你生气的那个情景，但要在你的想象中赋予它一个不同的结果。如果这个不在场的人是药物依赖者，就去参加匿名戒酒者协会（Alanon）的活动。

想法，感受，行为

你对问题的想法极大地影响着你的感受，以及你在处理生活中各个不同方面事情时的做法。这个活动能帮助你发现如何将一种破坏性的模式变成建设性的模式。

活动：

从你的生活中选择一个你不满意的情形，一个你想改变的情形。

我的情景是____________________________________

____

____

如果可以，决定你在这个情形中要达到的目标。把它写下来。

我的目标是____________________________________

____

____

现在，回答以下问题：

1. 对于这个情形，你给自己的信息是什么——你的想法是什么？

____

____

（将这个信息填到想法圈里。）

2. 当你想到这个情形时，你有什么感受（如果需要，可以用第 70 页的感受脸谱中的词汇）？

____

____

（将这个信息填到感受圈里。）

3. 当你有这种感受时，你会做什么？

____

____

（将这个信息填到行为圈里。）

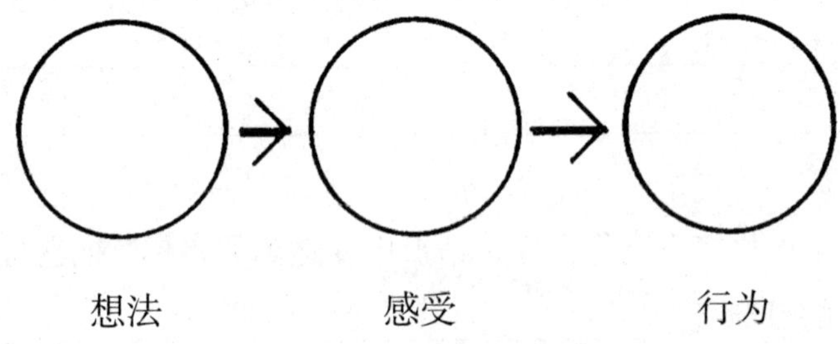

想法　　　　感受　　　　行为

看看“行为圈”。这种行为帮助你实现了你的目标吗？

如果没有，继续用这个活动找到一种更满意、更成功、更有建设性的模式。

因为你创造了第一种模式，你也能创造一种将帮助你更接近你的目标的不同模式。通过改变你的想法、感受或行为，你就能创造这种新的模式。

你可以决定“我想要什么样的感受？”。（要记住，诸如“喜欢”和“那样”的词，不是感受词汇，所以，如果你需要帮助来识别一种感受的话，要运用感受词汇表。）

把新的感受填入“感受”圈，或者，你可以决定“我愿意采取什么不同的行动？”并把它填入“行为”圈。

或者，你可以决定“我更愿意告诉自己什么？”并把它填入“想法”圈。如果你需要帮助，可以使用下一页的“肯定语”。

当你填完一个圆圈后，可以向前或向后填写另外两个圆圈。例如，我们假设你决定更愿意自己感觉“自信”，并将其填入了“感受”圈里。这时，要问你自己“我需要对自己说什么，才会有那种感受？”，把你要告诉自己的话写入“想法”圆圈中。

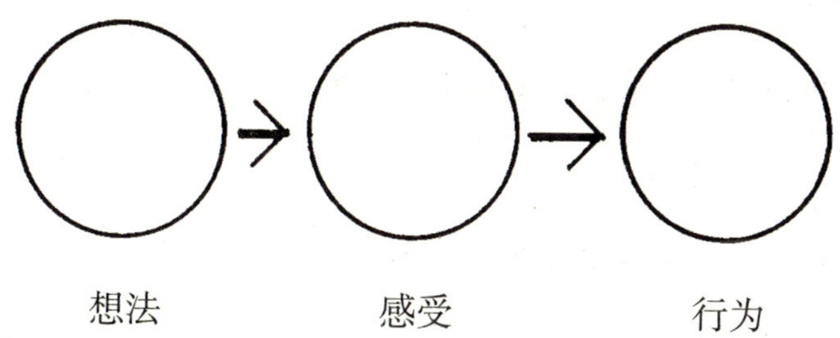

想法　　感受　　行为

现在，你知道了自己想要什么样的感受，以及要告诉自己什么才能有那种感受，你就能决定自己怎么做了。要问自己：“如果要有那种感受，我应该怎么做？”这就成了你的“行为”圈。

你很快就会看到你的想法如何影响你的感受，以及你之后的行为。

通过产生一系列全新的有关你的想法、感受、行为的决定，你就能了解到更多你可以怎样做的可能性。

肯定语/新想法：

我是一个善良、独一无二而特别的人，永远不会有另外一个人像我一样，所以，不需要跟别人比较或比赛。

我是有价值的，只因为我的存在。

我爱自己，赞同自己。

我配得到幸福。

我对发生在我身上的事情负有100%的责任。

犯错误没关系。

我可以爱，而不是责备我内心的孩童。

我信任我自己。

我现在就去做让自己快乐的事情。

我这样就很可爱。

鼓励总结工作表

在这个活动中，我了解到：

觉察：我是这样一个人，想法是 ________________

____

感受是 ________________________

____

行为是 ________________________

____

（填入你的第一种模式。）

接纳：不带评判，我可以告诉自己："我对这些事情中的任何一件事情的想法、感受或行为都很好。对我来说，现在就是这样。

行动：在现实生活中带着勇气去做"功课"，我可以把我的感受变为：________________________

____

或者把我的想法变为：________________

____

或者把我的行动变为：________________

____

（填入你的新感觉、想法或行为。）

示　例

活动：

从你的生活中选择一个你不满意的情形，一个你想改变的情形。

我的情景　在有陌生人的社交场合，我感觉很尴尬，因为我害怕别人会认为我说的事情不是很有趣。

如果可以，决定你在这个情形中要达到的目标。把它写下来。

我的目标是　和别人交谈时感觉更轻松。

现在，回答以下问题：

1. 对于这个情形，你给自己的信息是什么——你的想法是什么？

我认为他们会认为我说的事情不是很有趣。

（将这个信息填到想法圈里）

2. 当你想到这个情形时，你有什么感受（如果需要，可以用第 70 页的感受脸谱中的词汇）？

焦虑、犹豫。

（将这个信息填到感受圈里。）

3. 当你有这种感受时，你会做什么？

停止说话，变得一言不发。

（将这个信息填到行为圈里。）

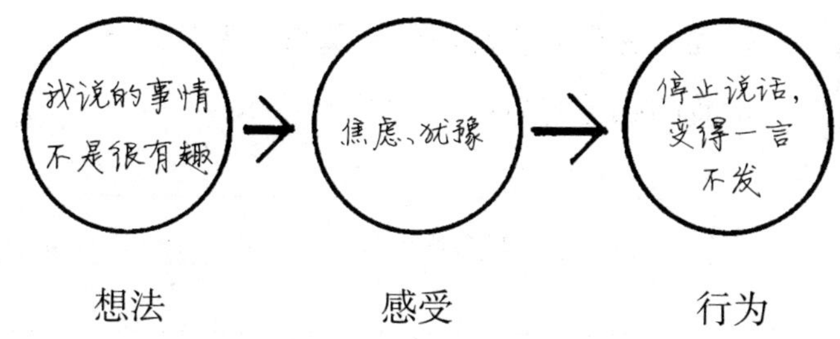

示 例

鼓励总结工作表

在这个活动中，我了解到：

觉察：我是这样一个人，想法是＿我说的事情不是很有趣。＿

感受是＿焦虑和犹豫。＿

行为是＿停止说话，变得一言不发。＿

（填入你的第一种模式。）

接纳：不带评判，我可以告诉自己："我对这些事情中的任何一件事情的想法、感受或行为都很好。对我来说，现在就是这样。

行动：在现实生活中带着勇气去做“功课”，我可以把我的感受变为：放松和自信。

或者把我的想法变为：别人或许也会焦虑。

或者把我的行动变为：如果我想不到说什么，那就问问题。

（填入你的新感觉、想法或行为。）

设定目标

当我们对于自己想怎样运用自己的时间、设定自己的目标，以及为自己作选择做出自己的决定时，我们就会感觉更受鼓舞。做出我们自己的决定，意味着积极主动。在这个活动中，你能学会在做出你的决定时更主动，而不是对别人的决定或者你周围发生的事情被动反应。

这里有一些帮助你思考自己的目标的步骤。

活动：

1. 现在，花一点时间来想一想你的生活。画一个圈圈，把你现在典型的一天在各种事情上用的时间所占的比例填进去，也许有助于你看到你的时间都去哪了。（你也许需要用下面的清单帮助你想一想生活的各个方面。）

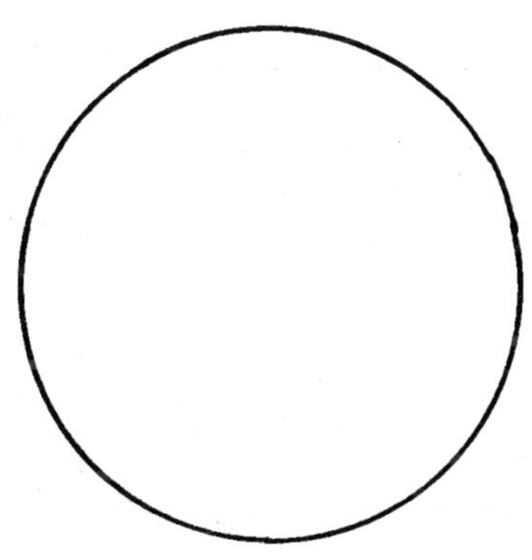

清单：工作、孩子、夫妻娱乐、家庭娱乐、度假、运动 / 健康、家务管理、家庭之外的朋友、亲戚、心灵成长、给自己的时间。

2. 你希望你的生活从现在开始的五年之内变成什么样？（想一想你到那时的年龄，或者你的孩子到那时的年龄，以帮助你得到从现在开始的五年意味着什么的更清晰的画面。）列出你希望在你的生活中看到的五件事情。

1）________________________________

2）________________________________

3）________________________________

4）________________________________

5）________________________________

这是你的长期目标。

3. 现在，问问你自己，如果你的生命只剩下一个月，你希望怎样度过。列出你想做的五件事情。

1）________________________________

2）________________________________

3）________________________________

4）________________________________

5）________________________________

这是你的短期目标。

4. 看看你列出的长期目标和短期目标。你突然想到了什么？你现在做的任何事情会实现你的长期目标或短期目标吗？比较过这两个清单之后，写出你得出的三个结论。

结论 1：____

结论 2：____

结论 3：____

如果你希望在你的生活中做出一些改变，以便你实现更多的目标，但你不确定该怎么做，有一些你可以采取的步骤，帮助你迈向你想要去的方向。

如果一个目标看起来很难实现，把这个目标分解成所需达到的步骤有时会有帮助。选一个你的目标，用头脑风暴想出你可以实现它的方法。

目标：

步骤 1：____

步骤 2：____

步骤 3：____

现在，通过挑选其中的一个步骤并把它分解成小步骤，将这些步骤再进一步分解。对于这些步骤中的一步，你需要做的头三件事情是什么。

步骤：

小步骤 1：____

小步骤 2：____

小步骤 3：____

现在，你可以通过做其中的一个小步骤，来着手实现你的目标了。

鼓励总结工作表

在这个活动中，我了解到：

觉察：我是这样一个人，有一个长期目标 ______________

____

（填入你在这个活动中的一个长期目标。）

接纳：不带评判，我可以告诉自己，如果我的目标和现实的日常生活中的活动相同或不同，都没关系。那只是我的生活中正在发生的事情。我可以注意到自己是否：

——被动反应？
——积极主动？
——对任何有目标或者计划的活动都抗拒？

行动：在现实生活中带着勇气去做“功课”，我可以从我的清单中选一个小步骤开始。这个小步骤是：__

____

示 例

活动：

1. 现在，花一点时间来想一想你的生活。画一个圈圈，把你现在典型的一天在各种事情上用的时间所占的比例填进去，也许有助于你看到你的时间都去哪了。（你也许需要用下面的清单帮助你想一想生活的各个方面。）

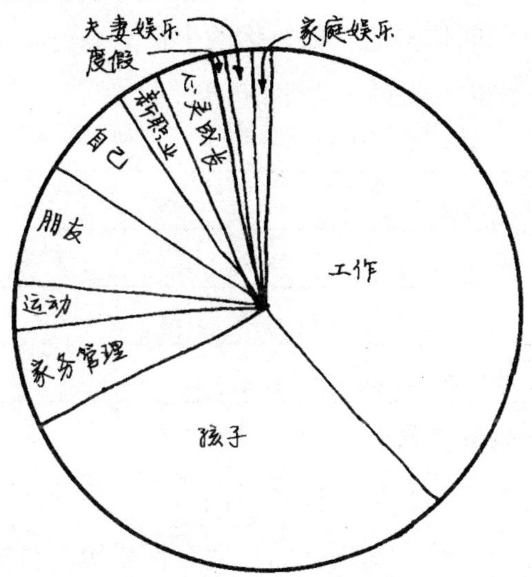

清单：工作、孩子、夫妻娱乐、家庭娱乐、度假、运动／健康、家务管理、家庭之外的朋友、亲戚、心灵成长、给自己的时间。

2. 你希望你的生活从现在开始的五年之内变成什么样？（想一想你到那时的年龄，或者你的孩子到那时的年龄，以帮助你得到从现在开始的五年意味着什么的更清晰的画面。）列出你希望在你的生活中看到的五件事情。

1）富有。

2）到好玩的地方度假。

3）新事业。

4）房子弄完了。

5）美丽的花园。

这是你的长期目标。

3. 现在，问问你自己，如果你的生命只剩下一个月，你希望怎样度过。列出你想做的五件事情。

1）停止工作。

2）和家人一起玩。

3）告诉我爱的每个人，我爱他们。

4）录制一盘录像和我的孩子连接。

5）花光我所有的钱，贷款。

这是你的短期目标。

4. 看看你列出的长期目标和短期目标。你突然想到了什么？你现在做的任何事情会实现你的长期目标或短期目标吗？比较过这两个清单之后，写出你得出的三个结论。

结论 1：我需要赚很多钱，以便得到我想要的东西——度假、房子、花园。

结论2：我需要一份不一样的工作，既能让我满足，还要有很强的赚钱能力

结论3：和我的孩子连接对我来说是重要的。

我很少有和我的丈夫在一起的快乐时光。

如果你希望在你的生活中做出一些改变，以便你实现更多的目标，但你不确定该怎么做，有一些你可以采取的步骤，帮助你迈向你想要去的方向。

如果一个目标看起来很难实现，把这个目标分解成所需达到的步骤有时会有帮助。选一个你的目标，用头脑风暴想出你可以实现它的方法。

目标：和家人一起玩

步骤1：制定一个能吸引我们全家人的度假计划。

步骤2：为度假每个月攒100美元。

步骤3：打电话给旅游公司。

现在，通过挑选其中的一个步骤并把它分解成小步骤，将这些步骤再进一步分解。对于这些步骤中的一步，你需要做的头三件事情是什么。

步骤：制定一个度假计划。

小步骤1：问每个孩子和我的丈夫，他们喜欢什么样的假期。

小步骤2：一直问到我找到一个大家都喜欢的。

小步骤3：租一些旅游的视频。

现在，你可以通过做其中的一个小步骤，来着手实现你的目标了。

示 例

鼓励总结工作表

在这个活动中，我了解到：

觉察：我是这样一个人，有一个长期目标： 和我的家人在一起的快乐时光，以及赚很多钱。

（填入你在这个活动中的一个长期目标。）

接纳：不带评判，我可以告诉自己，如果我的目标和现实的日常生活中的活动相同或不同，都没关系。那只是我的生活中正在发生的事情。我可以注意到自己是否：

——被动反应？
——积极主动？有时候
——对任何有目标或者计划的活动都抗拒？

行动：在现实生活中带着勇气去做“功课”，我可以从我的清单中选一个小步骤开始。这个小步骤是：问家人对度假的想法。

理　解[①]

有时候，我们通过增进自己的理解，能更好地了解一个反复发生的问题。当我们这样做的时候，将帮助我们对自己不能控制的事情放手，并运用自己的力量和思想去处理我们能控制的事情。这就叫作接纳。

为了走向接纳，我们需要认识到有很多不同的现实。每个人都在想着他或她自己的想法，而每个人的想法是不一样的。没有哪一个人的想法更好或更差、对或错。它们只是不同而已。让我们来看看这是怎么回事。

① 根据简·尼尔森的《谅解》中的材料。——作者注

活动

1. 你想解决哪个反复发生的问题？

____

____

____

2. 你对这个问题的想法是什么？

____

____

____

3. 你认为别人对这个问题的想法可能是什么？

____

____

____

你也许没有注意或关注，但是，当你想到这个问题时，你也许会有强烈的感受。

4. 想一想最近一次你有这个问题的情形，并走进你的内心去发现你有什么感受。只能使用感受词汇，而不是诸如“我觉得好像”“就像”“他们”等等之类的词。（如果你需要帮助，记住使用第70页的感受词汇。）

我感觉到______________________________

感受，是你所拥有的对于真正在发生什么事情的最好的指南。要记住，这些感受是你内在的，并且会给你关于你自己——而不是他人——的有价值的信息。

5. 如果你认真倾听你的感受并让它们指引你，它们会把你带向哪里呢？你会怎么做？

____

____

____

人生有各种循环。没有什么事情是永恒的，今天看起来似乎很大的事情，也许明天就被遗忘了。变化是人生的一部分。

6. 如果你把你的这个问题想成是一个循环，你会告诉自己什么？

____

____

____

鼓励总结工作表

在这个活动中，我了解到：

觉察：我是这样一个人，有时候会感觉：____________________________________

接纳：不带评判，我可以告诉自己：“这些是我的感受。它们是有关我的信息，没有好坏、对错之分。我还能记住其他人有不一样的现实。”

行动：在现实生活中带着勇气去做“功课”，我可以从下面选择一个：（在你想做的事情前面的序号画一个圈。）

1. 我可以问其他人的想法，而不是猜测。

2. 我可以允许自己倾听我的感受，并信任它们能指引我。

3. 我可以信任人生循环。

示　例

活动

1. 你想解决哪个反复发生的问题？

我感到很悲伤，因为我不能经常见到我的孩子们。

2. 你对这个问题的想法是什么？

因为他们不常来，他们或许生我的气了。

如果他们不住这里，我就没有办法和他们建立情感连接，几乎不可能建立情感连接了。

3. 你认为别人对这个问题的想法可能是什么？

“我现在正在建立自己的家庭，我已经是一个成年人了。”

“跟我妈妈在一起不再那么有趣了，因为她有了一个新家和新丈夫。”

你也许没有注意或关注，但是，当你想到这个问题时，你也许会有强烈的感受。

4. 想一想最近一次你有这个问题的情形，并走进你的内心去发现你有什么感受。只能使用感受词汇，而不是诸如“我觉得好像”“就像”“他们”等等之类的词。（如果你需要帮助，记住使用第 70 页的感受词汇。）

我感觉到 愤怒、悲伤、孤单、无望、不舒服。

感受，是你所拥有的对于真正在发生什么事情的最好的指南。要记住，这些感受是你内在的，并且会给你关于你自己——而不是他人——的有价值的信息。

5. 如果你认真倾听你的感受并让它们指引你，它们会把你带向哪里呢？你会怎么做？

我会告诉我的孩子们我有什么感受，并让他们倾听，而不要觉得他们必须解决任何事情。

人生有各种循环。没有什么事情是永恒的，今天看起来似乎很大的事情，也许明天就被遗忘了。变化是人生的一部分。

6. 如果你把你的这个问题想成是一个循环，你会告诉自己什么？

这并不是对我的一种排斥。我的孩子们是在对我生活中的变化做出很正常的反应。随着我们年龄越来越大，我们会继续建立情感连接并爱彼此。

示　例

鼓励总结工作表

在这个活动中，我了解到：

觉察: 我是这样一个人,有时候会感觉: 愤怒、悲伤、无望、不舒服、孤单。

接纳：不带评判，我可以告诉自己：“这些是我的感受。它们是有关我的信息，没有好坏、对错之分。我还能记住其他人有不一样的真实。”

行动：在现实生活中带着勇气去做“功课”，我可以从下面选择一个：（在你想做的事情前面的序号画一个圈。）

1. 我可以问其他人的想法，而不是猜测。
2. 我可以允许自己倾听我的感受，并信任它们能指引我。
3. 我可以信任人生循环。

了解你自己，

就是爱你自己。

勇气来自于觉察到你是谁，

并接纳你自己，

（要记住，你已经足够好了。）

在现实世界中去行动。

带着勇气，去努力，实践，学习，尝试，做事，成长吧。

因此，

加油！

相信自己！

去做吧！